검은 기적

검은 기적

정현우 시집

Dark Miracle   Jung Hyunwoo

차례

1부 성실한 슬픔

가지	12
십이월	14
플라나리아	16
오이 비누	18
석류와 기적	20
석류	22
애도	24
영생의 구조	26
목화 숲	30

2부 눈보다 느린 성탄의 밤

물성	32
로즈빌 마을	34
로즈빌 마을지도	36
눈보다 느린 성탄의 밤	38
야간비행	40
상속	42
꿈의 작업	44
흑장미 숲	46
빛의 해부	48

욕심	50

3부 해부학(解剖學)

로즈빌	54
베개	56
목화나무 숲	58
불가능한 직립	60
로즈빌	62
해부학(解剖學)	64
식물의 집사	66
호문클루스	70
설온(雪溫)	72
우산	74
진주	76
프랙탈	78
밀가루와 기적	80
시간의 활엽	84
리트머스	88
수묵화	90

4부 심장보다 조용한 기적

조감도	94
조감도	98
루비	100
유리 가재	102
호문클루스	104
앵두 숲	106
연근	108
포도	110
예언자	114
다섯 밤의 애도	118
미모사	120
성냥	124
진주	126

5부 손 끝에서 쪼개지는 불과 세계

타로카드와 모든 주사위	130
오류의 은총	134
겨울의 기도	138
하지	142
수어	146

품	148
로즈빌	150
로즈빌	152
육개장	156
조감도	158
역방향	160
정방향	162
고드름	164
첫 문장	166
시인노트	「달리기」	171
시인 에세이	「검은 기적의 기록들」	175
발문	「가장 낮은 데서 가장 오래 기억하는」(김연덕)	195

검은 기적

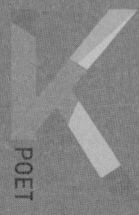
POET

# 1부
성실한 슬픔

가지

너는 가지, 사랑했던 가짓빛 살결을 만지며
가슴 한구석이 무너진 채로 가지,
사랑과 과육의 밀도가 차오르는 저녁에,
길을 걷다가 만난 가지처럼, 원래 그런 건 없다고 중얼거리면서도
세상에서 가장 슬픈 맛을 생각할 때면, 너는 가지,
뿌리에서 열매까지 모든 것이 계산된 시간 속에서
이빨은 나의 가장자리를 무심히 물어뜯고 가지,
몸에서 가장 투명한 뼈,
햇빛이 닿지 않는 질긴 외피, 검은빛의 껍질 아래,
폭신한 속살 속에 박힌 작은 멍을 매만지며 가지, 가지,
엄마가 해주던 가지볶음을 떠올리며,
가지, 죽은 어머니의 부드러운 목소리를 입속에 우물거리며 가지,

너는 가지, 가지들이 잔뜩 담겨 있는 저녁을 생각하며 가지,
 엷은 보랏빛으로 물드는 하늘을 보며
 나는 울부짖었다, 가지,
 언젠가 엄마의 몸에서 자라는 나뭇가지들이 하늘로 뻗기 위해 가지,
 가지는 알몸의 침묵을 알기 위해서,
 너는 가지가 되어, 가지로 연결된 세계의 균형을 살피기 위하여,

 실핏줄이 다 터진 당신의 눈동자 사이로
 가지, 그 사이 어딘가에서
 다시금, 금이
 가지.

십이월

 창문 너머로 남겨둔 용서가 풀빛으로 번지듯 당신에게 닿고자 쓴 편지에요. 한 인간이 빛에 감싸인 모습을 보았습니다. 겨울의 설원은 조금씩 갈라지고, 눈 밑에서 검은 흙이 드러날 때마다 누군가 들어오기를 기다리는 예감 같았습니다. 기쁨은 언제나 무너짐의 예고였으니 빛은 늘 너무 짧게 머물다 가버립니다. 당신의 품에서 조금씩 키가 줄어들고 있었지요. 나는 내가 살아 있다는 사실을 느낄 때마다 곧 물에 스며 사라질 것이나, 숲속에서 어둠은 낮은 풀잎에만 머물 것이나, 실 유리들이 갈라지는 것 같은 것들을 모두 슬프지 않다고 할 수 있을지요.

 찻잔을 만지며 약속들이 얕게 줄을 긋고 사랑이 멈춘 자리에는 작은 일상이 놓여요. 당신의 여름은 더 이상

사건이 아니라 겨울이 올 때 옷깃을 여미는 일, 여전히 십이월에 남아 있는 창가에 흩어진 눈빛을 헤아리겠지만,

  당신을 더 이상 부르짖을 필요가 없는 십이월,

  심장은 제 몸을 잃은 채로도 어떤 박동에도 미약하게 움직이고,
  십이월이 오면 나의 손끝은
  보풀이 일어나
  불씨가 꺼지면 뼈대만 잠깐 보였다 사라지듯,
  투명함조차 하나의 형상이 되는 순간들이 있어.
  어쩌면 사랑이란 사라질 모든 것들이 지워진 뒤에도
  그 모습 그대로 더 선명해지는
  빛 부스러기들,

플라나리아

빛이 지나간 자리 물 자국만 선명하다.
그것은 마치 스스로를 망가트릴 수 있는 생명,
처음부터 없던 팔과 다리가 자란다.

누나는 부활절에 이미 죽은 자들을 이야기한다.
내 것이 아니게 되는 기도는 손가락이 몇 개지
오르간,
기형의 과거들이 손가락을 잃는다.
 기억이 다리를 잃은 채 남아 있고 이어 붙여도 알들은 깨져 보인다.

색이 사라진 검은 검반,
밤이 지나간 자국을 문지른다.

마음과 심장은 분리되어 있어
둘 사이 투명한 실밥이 돋아있다.

낮게 재생되는 여름의 녹음.

오이 비누

엄마가 쓰던 오이 비누.

혼자 세수할 때마다
비누는 여전히 녹색으로 남아있고
거품 속에서 부드럽게 터지는 보드랍지 못한 세계가 있고

희고 말캉한 형상이 사라지며 닳는 성실한 슬픔에 대해 나는 생각한다.

오이 속, 눈부신 여름날
너른 덩굴 사이에 숨어, 비치던 흙빛과 바람아래로
오이지를 담그거나 오이를 깎을 때마다
내게 오이를 건네주던 희고 유난히 작은 손

창밖에는 여름비가 흐르고
오이가 굴러갈 듯 쌓이고,
놓친 초록빛이 미끄러지듯 지나가고
햇빛은
흰 넝쿨을 따라 쏟아져 내릴 때

엄마, 잠깐 일어나봐 눈만 뜨면 되는데,
살아있다는 거, 제 속의 숨을 말리는 일이었는데,
푸른 속살이 멍든 빛들로 가득 차 있는 날이었는데,
그러나
아름다운 건 아무런 힘이 없어
아, 내 발등으로 떨어진 오이 비누
나는 엎드려 눈물이 터진다.

석류와 기적

 당신의 심장에 기대어 잠이 들었습니다. 우리는 검붉은 잎 아래 몸을 웅크리고 있었습니다. 두 눈 위에 얹힌 잎사귀 하나를 들어 올릴 때

 눈물에 색이 있다면 이 모든 핏방울에 담긴 무구한 절망을 인간의 마음 하나 따위로 감당할 수 있습니까. 울음이 무수히 모여 형태를 이룬다면 슬픔을 알알이 헤아릴 수 있습니까.

 신은 빛이 새어나오지 않도록 불타는 과육 위에 피부를 덮어둡니다. 그리하여 자비로운 핏빛을 모두 감추는 일을 어쩌면 모두 다 이해한다고 하였습니다.

 갈기갈기 찢긴 혈관에서 터뜨릴 울분과

아직 남은 기적이 손가락 끝 기어이 핏물로
맺히고 마는 것은,
이다지도 눈물이 투명한 것은, 당신의 고요한 장난입니까.

당신의 사랑은 한 손으로 쥔 나의 심장, 하늘 높이 무심하게 던지십니다.

멍하게 하늘을 바라보는데 메스로 자른 빛들이 저항도 없이 내 이마 아래 핏물처럼 길게 흘러내리고

석류

십이월의 캐롤은 즐겁습니다.
광장엔 붉은 전구가 반짝이고
애인과 헤어진 날,
석류 열두 알을 사 들고 돌아옵니다.

당신이 끌고 간 손끝에서 쪼개진 세계를 향해
나는 무릎을 꿇습니다.

긴 죄의 목록들이 내게 자꾸 구멍을 내고
불씨가 내 몸을 덮칩니다.
불시에 찾아오는 슬픔과 작열하는 태양 아래
 핏물이 굳은 심장은 당신의 발밑으로 데굴데굴 굴러가 용서를 구하는데

당신은 내게 구원을 묻듯이
깨진 과육들을 모두 삼켰습니다.

애도

인형의 사지를 무릎을 꿇고
한 조각씩 잘랐다.
눈꺼풀에서 꿈들을 하나씩 꺼냈다.

목을 이어 줄 때 가장 조용했다.
손과 발을 이었지만
기억은 살결에 붙지 않았다.

가슴을 갈라 심장에 귀를 대었다.
심장은 사건이었고,
어떤 시간보다 오래된 감각이었다.

언제든 이어질 수 있는 슬픔이었다.
검고 투명한 실을 손가락에 감았다.

가끔 실이 내 맥박을 따라 움직였다.

영생의 구조

나선형의 모래 계단을 오르는 소라게,
햇빛이 등껍질 모양대로 반사된다.

위에서 내려다보면,
그의 집은 조금씩 수축하고,
그럼에도
이 이야기에는 주인공이 등장하지 않는다.

이를테면,
죽은 이의 정오가 그럴 테고
해변에서 등을 돌린 소라가 그럴 테고
그가 죽은 것을 확인하고 나서야 시작되는
소라게,
내부가 비어 있는 귀,

그 안에서만 들리는
구름의 형체가 심박처럼 미세하게 떨린다.
그 떨림으로
세계를 외운다.

흰 자갈 위에 던져진 소라게는 가벼워진다.

내 것이 아닌 집을 벗으면
다른 사람이 껍질을 이어받는다.

해변으로 물보라가 부서지고,
새로 태어나는 빛들,

깊은 모래 아래 잠들어 있던 시간이
거꾸로 뒤집혀
부드럽게 귀를 빗는다.

목화 숲

아직 남은 당신의 눈빛에
몸을 기대어
유리창을 통과해 햇빛이 건너가는 복도를
떠올렸다.
한 사람에게 모든 빛이
꺼져 갈 때 까지
함박눈이 내렸고 이마에 손을 얹었다.

아직 살결이 보드라운데,
나는 신을 용서하고 있는데,

네가 슬픔을 허락하는 순간,
이 이야기는 비로소 문을 연다.

2부
눈보다 느린 성탄의 밤

물성

꿈속으로 가기 위해서 누군가 자꾸 문을 열고
문고리에 매달린 은빛 실 하나가
풀린다.

온기가 들지 않는 방
오르골이 멈추면
돌아갈 곳을 잃은 흰 눈과 나방들,
아무도 들어오지 않지만
한 바퀴가 돌면 반쯤이 풀려나가는

완성되지 않는 태엽들,
소녀의 발목엔 붕대가 감겨 있다.
시간의 사슬,
제 그림자를 잃은 사물들이 조금씩 움직이기 시작한

다.
　벽에 그림이 걸린다, 사슴은 서로를 찾아 헤맨다.
　한쪽 귀는 이미 울어버린 겨울 속으로
　기울어져 가고
　태엽을 감기 전까지
　시간의 시작이 이미 끝나 있다.

　바깥세상은 흰 눈으로 무섭다.

로즈빌 마을

 재봉사의 손가락은 바늘처럼 가늘고, 인간의 피부와 옷감을 구분하지 못한다. 부서진 팔다리를 꿰매듯 이어 붙이고, 찢어진 가슴을 검은 실로 봉합한다. 육체와 감정을 바느질하기도 하는데, 바느질이 완벽하지 않다. 기억의 섬유 밖으로 영혼이 삐져나오지 않도록 단단히 매듭을 묶는다.

 늪지대 가까이 흰 목화송이들이 부풀어 있다. 숲속으로 들어서면 푸른 반딧불들이 길을 비춘다.

 조율사는 재봉사가 꿰맨 이들의 목소리를 조율한다. 울음이 조율되는 동안, 심장은 다시 뛰기도 하지만 멈추기도 한다. 메트로놈을 켜놓고 심장이 너무 빠르지 않게 일정한 간격을 맞춘다. 조율사가 실패한 시체들은 마을의 불꽃 광장으로 보내진다.

 사냥꾼은 유일하게 살아있는 인간이다. 꿈꾸는 자들의 그림자를 쫓는다. 그림자들이 가끔 인간의 얼굴을 하면 잠시 활을 내려놓는다.

눈보다 느린 성탄의 밤

 창문에 촛불을 켠 집은 한 채뿐이었다. 오후 세 시쯤, 교회당 종소리가 울렸다. 봉제공장을 지나 남쪽 끝, 화석 무덤 쪽으로 걸었다. 폭설로 새벽부터 마을이 눈으로 덮이기 시작했다. 북쪽 언덕에서 바라보던 것들, 고드름 무게를 버티지 못한 지붕이 무너져내렸지만 마을은 조용했다, 성탄의 밤, 나는 어머니가 짓던 십자수 무늬를 떠올렸다. 작은 호랑가시나무, 구유에 놓인 아기, 그림안의 사람들은 모두 울지 않았다. 어머니가 반짇고리처럼 앉아 실타래를 짰다. 매일 조금씩 잃어버린 얼굴들이 실로 엮이는 것을 보았다. 실은 풀리지도 않았고 끝나지도 않았다. 눈보다 느린 속도로 밤이 되면 실은 더 길어졌다. 그날 밤, 눈은 무릎 높이까지 쌓였다. 촛불이 켜질 때 어머니가 꿰매지 못했던 것들이 보였다. 그것들은 너무 젖어 있어서 바늘이 통과하지 못했으나 서로 다른 색깔의 실들이 한 조각 헝겊으로 묶였다. 집집마다 문틈은 더 조용한 어둠으로 닫혔다. 바늘귀가 너무 작아 어머니가 나를 부르는 소리가 들리지 않았다. 뒤를 돌아보지 않았다.

야간비행

 오래된 양초 냄새가 스민 방, 벽에는 장미 그림이 걸려 있었다. 우체통이 보이지만 꺼내지 않은 편지가 가득했다. 갑자기 창문이 열리고 비행운이 생기는 고도, 우리는 말을 하지 않고도 어디론가 가고 있었다. 날개가 없었고, 손이 없었지만, 몸이 점점 작아졌고 우리는 언덕과 집을 지나 그림자보다 빠르게 날았다. 도착하지 않았지만 돌아간 적도 없었다. 낮은 담벼락에 유리 조각들을 밟아도 아프지 않았다. 빨랫줄이 보였고 내가 입어야 할 겨울 코트들이 걸려 있었다. 우리는 빛이 아닌 방식으로 존재하고 있었다.

 커튼을 들추면 나비목들이 가득했다. 검은빛들이 조금씩 그쪽으로 옮겨가고 있었다. 나비와 나방의 차이를 몰랐던 것처럼 살아 있는 것과 살아 있는 것처럼 남겨진 것 사이에서 차이를 발견하지 못했다. 창밖에서 살지 않는 나무들이 흔들렸다. 벽지 한 귀퉁이가 들리고 있었다. 다리가 없는 새들이 몸을 접으며 지나갔다. 날개를 잡으면 빛과 거리를 가늠하는 중이었다. 머리카락에 붙은 빛들이 침묵을 따라 헝클어졌다.

어디엔가 묻힌 시신들이 내가 사랑했던 사람의 얼굴을 하고 있었다. 우리는 눈을 감은 채 날고 있었다.

상속

죽은 엄마의 핸드폰을 끊고
집으로 돌아오는 길,
당신의 이름을
이렇게 많이 적어 본 적은 처음이에요.

은행 창구에 서서
보이지 않는 서류를 한 장씩 넘기듯,
이제 부를 일 없는 엄마라는 말 대신
모두 제 잘못이에요,
아직 내가 살아있다는 것도
엄마가 죽어버린 여름도,
그날 창밖에 내리던 소나기까지도

용서를 구하러 계속 이어나가는 사람처럼

세상에 없는 번호로 전화를 걸어요,

잘 자, 여름은 한낮 깨어나지 않는
그대와의 춤,
아, 눈이 부실 수 밖에
나의 손을 놓고 햇빛 속으로 사라진 사람,
내게 모든 여름을 남기고,
잠시 다녀간 사람.

꿈의 작업

그날 밤, 아이들은 같은 꿈을 꾸었다.

몸 안에서 낯선 장기들이 돌았다.

아이들은 서로의 꿈속에서 만나고
헤어졌다.
물속에서 아가미를 펼치거나
빛이 닿은 순간 얼굴이 바뀌었다.
꿈은 타인의 얼굴을 빌렸다.

여기저기 던져진 조약돌,
잠든 자의 귀에 종말을 말하는 예언자의 손가락,
기쁨을 오래도록 기억하는 동안
육체를 반복했다.

서로 손을 잡았지만
손가락이 모두 다른 사람의 것이었다.

잠이 들고 일어났나.
꿈 안에서만 인간으로 깨어났다.

흑장미 숲

나는 죽은 그녀의 심장을 꺼내
창문 너머 비스듬히 빛에 투시했다.
빛이 닿는 쪽에서만 그것이 사람처럼 보였다.
심장은 하루에 한 번씩 금이 갔고
더는 피 흘리지 않는 심장을 유리병에 담았다.
가끔 그것은 붉게 발광했고 단단해졌다.
어느 날부터, 심장 안쪽에서 무언가 자라기 시작했다.

가느다란 손가락 같은 것이 솟고 작고, 젖은, 누군가의 울음.
잎이 아니라 눈꺼풀처럼 조용히 떨리고 빛이 스치면
아주 천천히 감겼다.
심장을 꺼내 햇볕에 말려 두면
투명한 심장 안에 검은 가시들이 돋아있었다.

가시는 피 대신 빛을 흡수하며 자랐다.
나는 그 숲의 한가운데를 지나며
빛이 닿지 않는 마음을 만지작거렸다.
숲은 내 몸을 심장 바깥으로 밀었다.
검은 문을 닫고 나왔다.
슬픔이 감은 눈 안쪽에서만 형체를 얻었다.

빛의 해부

얼굴은 우리 안에 잠든
도달할 수 없는 빛의 뒷면,
신은 오래전부터 그렇게 빚어온 듯했습니다.

유리병 속에 갇힌 불빛에 의지한 채
눈이 흩어져 사라지는 한 사람처럼
내 마음의 한 부분도 사라졌습니다.
틀에 흘려보내진 영혼,
해변 곳곳에 서걱이는 유리조각들,
끝없이 이어지는 발자국,
더 이상 돌아갈 수 없다는 것만은 알았습니다.
당신이 언젠가 바닷가에서 뿔소라를 귀에 대고
영혼이 길을 잃지 않게 한다는 그 말을
믿을 수 없으면서도

깊은 저녁마다 눈 내리는 소리를 듣고 있었습니다.

손바닥에 모래를 쥐면

쉽게 금이 가는 전구들이 꺼질 때마다 나는

깊은 심해에서 올라온 생물처럼 그 빛들을 꿰어 목에 걸었습니다.

언뜻, 당신의 얼굴이 보였으나 얼굴들은 서로를 알아보지 못했습니다.

웃음과 울음은 같은 틀 속에서 주조되는 불의 언어들,

깨짐 속에서 온전한 실금,

어느 얼굴이 내 것인지 번갈아 보다가

나는 불완전한 밤의 노래로,

가면은 스스로 갈라져 모래 위로 흘러내렸습니다.

폭설은 오지 않았지만,

내 안에서만 눈발이 내렸습니다.

욕심

병원에서 전화가 왔다.
투석을 하면 당신이 죽을 수도 있다고 했다.
누나는 왼쪽으로 나는 오른쪽으로 고개를 돌렸다.
저마다의 속도로 빛이 눈을 가릴 때
무엇을 지키고, 무엇을 놓아야 할지 망설였다.

긴 울음을 다 토해내고 말갛게 빛나는 엄마의 눈,
나는 보았던 것 같은데
인간이 처음으로 사랑을 배웠던 방식을

알고 있었다.
영원히 깨어날 시간을 잃은 여름의 껍질,
손대면 움츠러드는 햇살

엎드린 어깨 위로
창가의 빛이 먼저 울었다.

3부
해부학(解剖學)

로즈빌

 목화 숲을 지나면 검은 가시가 얽힌 흑장미 군락이 서 있다. 죽음의 카드가 바람결에 펼쳐지면 사랑과 증오가 같은 뿌리에서 자란다. 서로를 미워하는 이들이 묘해진다.

 맞은 편 봉제공장 숲지대에는 녹슨 방직기와 풀리지 않는 실뭉치로 가득하다. 마을의 북쪽 가장자리에 무너진 종탑이 서 있다. 사람들은 걸음을 재촉하지만, 다시 같은 자리로 이어진다. 창문마다 검은 커튼이 걸려 있지만, 아무도 그 집을 드나드는 것을 본 적 없다. 종이 더 이상 울리지 않을 때도 종의 파수꾼은 밧줄을 잡아당긴다. 마을 어귀에는 푸른 불꽃 광장이 있다. 오래전부터 불이 꺼지지 않는 화로가 있다.

기억 수집가는 마을에 들어온 사람들에게 검은 알약을 건넨다. 과거의 한 장면을 보여준다. 인간의 몸을 이해하게 만든다. 눈물과 울음의 차이를 알게한다. 다시, 목화 언덕의 주인 없는 집에는 아이들은 그 집 안에서 하얀 옷을 입은 그림자를 본다고 떠든다. 가끔 인형이 걸어나오지만, 그 인형의 팔다리는 아이들의 그림자와 닮아있다. 아이들 손에는 검은 실꾸러미가 남아있다.

베개

이상하게도 엄마가 죽었는데도
나는 잠이 잘 왔다.

베개에 기대어 잠들었다.
따뜻했다.
그래서 더 미안했다.

목화나무 숲

 누군가는 속삭임의 식물이라 불렀다. 씨방이 갈라지는 밤, 목화밭에 나란히 앉아 있었지만 서로의 눈은 보지 않았다. 마주보지 않은 얼굴 사이 흰 솜들이 퍼졌다. 눈보라들이 창가에 발자국을 딛고 보이지 않으면서 계속 창을 두드리는 무언가가, 끝나지 않는 흰 폭설이, 침묵 속에서만 불투명해질 수 있는 오래된 균열이, 우리는 부드럽게 찢긴 것들을 손에 쥐고 있었다. 거울에 반사된 우리의 모습 빈 곳이 자주 보였고 꿈은 흩어진 눈발 속에서 음소거로 처리된다.

 마음은 자기 자신을 통과하지 못했다. 되돌아간 그림자가 햇빛의 발목을 자주 꺾었고 작은 벽난로 아래 웅크린 눈사람은 소실점을 지우는 듯 그 응시가 이 마을의 끝을 부드럽게 밀고 나갔다. 마음이 지나간 자리에 흰 솜털 같은 것들이 날렸다. 목화는 소리 없이 열렸고 숨을 들이쉴 때 마다 날아갈 듯이 떠올랐다가 다시 가라앉았다.

 떨어지는 숨을 참는 구름층은 지나간 계절의 엷은 겉면을 묘사하는 것으로 끝났다, 나는 아무것도 버리지 않았지만 모든 것이 비워진 듯 목화의 밤이 부드럽게 번져갔다.

불가능한 직립

오르골을 떨어트렸다.
미끄러지는 감촉
스노우볼 안 눈보라는 녹지 않고
흔들려야 살아났다.
돌아올 수 없는 얼굴들이 떠올랐다.

멈추면 다시 죽은 듯이,
유리는 투명하지만 안과 밖을 갈라 놓았다.
흔들면 죽은 것들이 깨어날 것 같지만
손을 대면 늘 같은 자세
깨진 오르골,
불가능한 감각에 대해 생각했다.

꿈속에 있는 것들은 꿈을 통과할 수 없다는 선명한

사실,
부서져야 더 많은 것들이 보이는
내부,

닫힌 눈꺼풀들을 줍는데
손가락이 투명해지고
깨진 시간 위로
빛이 가장 오래 서성이고

다 보일 듯하지만
아무것도 건드릴 수 없다.

로즈빌

창문을 덮은 잎들이
방 안까지 뿌리를 끌고 들어왔다.
떨어져 반쯤 벌어진 열매,
틈 사이로 핏빛 과육이 보였고
겹겹이 붙은 씨앗들이 푸른 빛을 뿜었다.

시간이 지난다는 건 식물이 조금 더 안으로
움츠러들거나 누구도 죽음을 말하지 않거나
기억하는 쪽으로만 선택하는 것,
마을 사람들 손톱에서 작은 싹이 자랐다.
창이 없는 복도 끝,
버려진 검은 상자,
손가락이 여섯 개인 인형,
일층은 햇빛이 가장 먼저 닿는 곳이었고

가장 어두운 곳이기도 했다.

불탄 지붕, 눈 내리는 잿더미,
숫자가 없는 회중시계, 부서진 마을 이정표,
복도 끝 붙여지는 길이 찢긴 지도들,

사람들은 화분을 내놓고 사라졌다.
화분 속 식물은 잘 자라지 않았지만
죽지도 않았지만 살아있었다.

해부학(解剖學)

개구리 배를 연다.
작은 심장이 말한다.

젖은 서랍은 열기만 해도 울 수 있다.
사랑은 살아 있는 채로는
해부되지 않는다.

낱알같은 하얀 눈이 느리게
눈빛을 잠근다.

식물의 집사

미역을 먹다가 미역은 식물이 아니다.
그것에 대해 말하기가 쉬우므로
가능성, 햇살은 방향을 바꾸며 나를 비추고 있다,
창문은 크고 반사되어 빛나는 그것을 본다고 느끼면서
커다랗게 비친 그 빛은 어떤 존재도 아니다,
시간과 속도가 없으면
내가 생각한 그것은 식물도 아니고 동물도 아니고
포자도 아니고 미역과 짚신벌레는 원생생물 그러니까
거대한 집합체 그러니까, 마음은 기억의 속도로 무한히
늘어나는 것을 바라보면서 미역국을 다 비웠다.
나는 작은 컵에 물을 담아 가습기 옆에 두었다.
어제는 눈물 자국이 있었음,

그 안에도 줄기가 있는지 궁금했다.
오늘은 그것을 오래 들여다보았다.
그러나 의사는 말했다.
이미 깨어 있을 이유를 몸이 잊어버린 겁니다.
살아있을 확률의 가능성,
이미 죽은 것은 식물도 사람도 아니라면
빛의 올을 풀면 규칙적으로 쏟아지거나 교차 되며 내리는 비, 복도 끝에서 지나가는 사람의 손을 본 듯한데 손금이 보이지 않는다, 병실 구석에서 며칠이 지나도 빛이 온다는 말은 없고 잠이 오는 감각들만 있는 식물의 입, 언제나 쉽게 잘리고 슬픔이 다른 방향으로 걸어나가는 생각들,

여기까지 내가 쓴 거짓말.

빛을 잘 받도록 나는 암막 커튼을 걷는다.
나는 습도계 대신
엄마의 입가를 손바닥으로 가린다.

호문클루스

해변으로 해초더미와 떠밀려온
그를 집으로 데려왔다.

작은 그것을 책상 위에 눕혔다.
지느러미에 물을 적시자
마을의 시간이 조금씩 틀어졌다.

책상 위에는 낡은 점성술 차트가 펼쳐져 있있다.
유리병 속, 인간의 장기 옆에 나란히 놓아두었다.

인간의 것과 다른 질서로 배열된 장기들이
신이 만든 것인지
인간이 흉내 낸 인체모형인지 알 수 없었다.

그는 숨 쉬지 않았으나
눈에서 푸른 빛이 깜빡일 때
내 맥박이 함께 뛰었다.

설온(雪溫)

집 앞 우편함에
주소도 없는 봉투를 넣은 날엔
나는 내가 아닌 척 걷다가
다시 나로 돌아왔다.
어제는 장갑도 없이 오래도록 눈을 쥐고 있었다.
두 개의 눈을 단단히 붙이고
나뭇가지로 팔을 만들어 주었다.
그러고 나면 이 조용한 생물은
나보다 더 나를 닮았다.
눈사람은 말이 없고
그래서 더 이해받고
인간의 조건에 대해서 생각하지만
말 대신 표정을 고르다가
입 대신 귀를 닫는다.

반쯤 마신 물컵을 식탁 위에 일부러 남겨두던 날
마지막 입김이 컵 가장자리에 맺힌다.
벽시계는 다음 초를 망설인다.
눈사람의 얼굴이 지워지고 있었다.
누군가 손을 대지 않아도 무너져버리는
그런 날에도
흰 눈이 쌓이는 걸 지켜보는 일은 멈추지 않았다.

우산

작은 개 한 마리가 누운 것도 아니고,
쓰러진 것도 아닌
비는 한 방향으로만 떨어지고 있다.
모호한 자세,
접혀 있을 때의 우산과 버려진 봉지는 구별하기 어렵고

우산을 들고 서 있다가
개의 얼굴을 보고 있다가
죽은 개의 사체는
쓰레기봉투에 넣어서 처리해야 한다는 말을
어디선가 들었지
접으면 사라지고,
묶으면 잊혀지는

규칙은 깔끔하고 편리하고
우산은 담을 수도 없고 덮을 수도 없어서
나는 젖은 셔츠 자락을 꺼내 그 얼굴 위에 올려두었다.

물웅덩이마다 뒤집힌 가로수들,
내가 기억하는 모든 매듭은
풀리기 위해 존재하고

진주

나는 가라앉습니다.
무릎까지 차오른 빗물 속에서
버스는 오지 않고
우산을 쓰지 않은 사람들은 지나갑니다.

말하지 않은 죄는 말해지지 않은 만큼 무겁습니다.
나는 그저 아래로, 더 아래로,
가라앉습니다.
물속에 비친 얼굴
진주는 이름을 잊기 전에 한 번 더 입술을 닫습니다.
그것이 누구의 잘못도 아닌 날씨를
조금은 믿고 싶어집니다.
나는 빗속에서 진주의 손을 잡습니다.
진주의 흙 묻은 손을 생각합니다.

그렇게 생긴 것들이 얼굴을 보고 싶었는지도요,

말보다 왜 눈동자가 먼저 젖는지
슬픔을 말하는 사람은 이미 오래전부터
둥글어지겠죠,
울음이라 부르지 못한 마음이
인간이 채집한 가장 오래된 보석이어서,
눈물이 많은 진주, 가족이 없는 진주,
혼자가 좋다는 진주,
그런 진주를 혼자 빗속에 두고
말이 닿지 않는 곳,
내가 나였던 기억이 물풀 속에서 흔들려 갑니다.

프랙탈

인간이 처음으로 쓴 단어,

잉크가 식기도 전에
신이 설계도를 그리다 망설이고,
지운 단어.

슬픔.
조각들,
다시 슬픔.

밀가루와 기적

죽은 사람은 모자를 쓰고 돌아온다.
모자챙의 흰 먼지가 흩날린다.
나는 죽은 사람이 곁에 있다는 걸
모른다.
나는 반죽을 쏟아 붓고
노른자 없는 달걀을 넣는다.
부엌 한쪽에는 어젯밤 기억나지 않는 꿈이
젖은 수건처럼 구겨져 있다.

늙은 개의 그림자는 빈 물그릇 옆에 누워있고,
창밖 밀밭에는
눈 젖은 노루들이 아직 덮지 못한 책처럼
스스로를 들여다본다.

보이지 않는 존재가 있다면,

어떤 형체로든, 밀가루를 흩뿌리면 그 자리에 서 있다는 사실과

불씨 앞,

오븐 유리창 너머로

누군가의 한 사람으로 나를 견디게 만든다.

조용히 마룻바닥을 닦고

문 앞에 놓여 있는 소포를 뜯고, 편지와 사탕을 꺼낸다.

슬픔에 얼굴이 있다면 이런 얼굴을 하고 있겠지

당신이 돌아와 먹을지도 모른다는 기적 따위를

반죽에 흰 천을 덮고 기다린다.
내 얼굴이 갓 부푼 빵처럼
부풀어 올랐다가
조금씩, 아주 조금씩 꺼진다.

내게 잘못 온 상자를 문밖에 그대로 두고 돌아온다.

시간의 활엽

 빛 아래 어둠이 푸르러지는 이파리들이 입안에서만 침엽으로 돋듯, 꿈으로 들어가는 가장 미끄러운 순간을 아세요? 나무들이 버티고 있는 만큼만 나뭇잎을 자라게 한다는 걸, 그는 내게 앞 장이 모두 보이는 타로를 내민다. 가장 미워하는 방식으로 말해 보세요, 여기는 사라지는 만큼의 빛과 시간을 다짐하는 숲입니다. 시간과 빛은 구분할 수가 없군요. 계시하는 자는 당신에게 말하고 있군요. 이 책은 인간의 거죽으로 만들어진 것이냐고, 사소함으로 읽히거나 인간의 말을 인간만이 알아듣는 언어라고 믿는 자에게 혹은 신이 인간을 만들었는가에 대한 반대의 질문을, 천사가 인간을 속이는 장면을 떠올리고 있군요. 인간이 모두 사라지고 펄럭이는 잎사귀들이 성벽을 허무는 장면에 관해서 이야기하거나 겨울밤 그림자는 조금 더 짧아야 한다거나 종말하는 창밖을 열어 보는 일은 사라지는 일과 태어나는 일 중에 어떤 것이 더 쉬운지 묻습니다. 빛을 쏟아내는 일과 빗물을 쏟아내는 일과 마음을 쏟아내는 일은 정지할 수 없으니, 가장 안쪽에서 만져지는 빛의 질감이에요, 그는 내게서 타로를 거둔다. 지속되는 시간을 활엽이라고 말해볼까요, 계시하는 한 사람이 더 깊은 숲으로 들어가기 전까지 우리는 계속 걸어 들어갑니다. 어디든 갈 수 있고 멈출 수 있는 너머를 이야기하며 계시하는 사람은 바닥에 흩어진다고 하였어요, 세계를 잃어버린 인간의 눈빛을 생각하면서요, 잠깐만요, 이곳의 호수는 잠자리들이 많네요, 아, 나는 끝없이 반짝이는 숲을 이해하는 참이었어요, 빛의 시작에 의구심을 품던 참이었어요, 밤을 채우는 영혼들의 춤을요, 정원을 기억하는 식물에게 빛들이 전부 발화되고요, 무언가 던지는 방화

하는 손이 보였다가요, 불타고 있는 날개를 보았다가요, 불은 그러니까 죽음을 착각할 거야, 재가 된 날개를 가진 잠자리들이 무너지지 않는 먼 비밀을 얘기한다. 그는 내게 다음 셔플을 시작한다. 신기하지 않나요? 투명한 잎맥처럼 잘 보이며 잘 찢기는 인간의 기쁨이 새들의 눈에 잘 띄지 않게 만들어진 투명한 날개가 숲을 도려내고 이곳은 한 번도 가본 적 없는 빛이 일렁이는 호수이다. 잠자리 날개가 젖었다. 두 손가락으로 잡을 수 있다.

리트머스

 과학 시간, 비커 안에는 흰 그림자들이 흘러내릴 것 같았다, 피가 아닌 것들이 피처럼 보인다, 투명한 혈액을 울음이라고 부를 때까지, 리트머스는 종이는 이끼의 종이라는데, 이끼는 뿌리를 갖지 않고, 가장 낮은 데서 가장 오래 기억하는 생물이라고, 잎의 구별이 뚜렷하지 않아 개체를 말하지 않고 군락으로 숨 쉬는 습성, 기쁨, 슬픔으로 갈 때 시작이 끝으로 가는 건지, 나는 그것이 무언가를 감추는 방식이라고 생각했다. 말하지 않고, 붉은 신호등 아래 푸른색 빗물은 고여 있고, 숫자가 많아질수록 직립하는 구름, 나는 리트머스를 최초로 사용한 연금술사의 손바닥을 떠올릴 때면 침묵과 유리 사이에 놓인 부력으로 떠오르다 떨어지는 여름은 깨진 유리로 만든 사탕, 비커 속의 초, 더는 뛰지 않는 심장이 눈과 살아있던 색을 휘게 만든다. 색을 고르는 촉수 같은 긴 손가락이나 비밀이 헐거워진 자리를 돋보기로 태우면, 이름을 잃은 채 날지 못하는 푸른 곤충이 있었다. 종이 위에 젖은 물방울은 설명하지 않아도 이미 시작 된 것, 살아있는 색은 늘 내가 아닌 쪽에서 정해지는 것. 살아있으려는 붉은색은 색을 잃고도 새장 안에 잠든 새 같기도 해, 눈을 감으면 잊었다고 믿었던 장면들, 색이 말을 멈추고 빛이 돌아가는 자리, 거기서부터 다시. 증류되지 못하는 빛과 구원.

수묵화

할머니 손에 든 방울이 가늘게 떨린다.
금이 간 물고기의 아가미들이 열리고
검은 선이 번진다.
마루 밑 어떤 오랜 이름들이 깨어난다.

할머니의 눈은 흐릿해지고
휘어지는 붓,

불에 타고 있는 나무가 보인다.
문이 열릴 곳을 찾는다.

무릎 아래로 떨어지는
맑은 재,

여백이 젖는다.
선이 사라진다.

먹이 번진 발톱
새가 하늘을 찢는다.

4부
심장보다 조용한 기적

조감도

꿈이 모두 기억나는 날을 윤달이라고 부른다면,
이 꿈은 분명 윤달의 지형도.
검은 새가 눈발을 가지런히 정리하고,
백사장이 할머니 발밑으로 펼쳐진다.

그러나 나는 날지 못한다.
부서진 날개를 숨긴 채
할머니에게 다가가며
겨울을 닫는 잎사귀,
불을 그리는 입김이 내 몸의 경계를 지운다.

놀란 한 떼의 나방들이 내 영혼을 통과한다.
불빛이 목적지가 아니라는 듯 스스로 타죽는 몸들,
나방만이 드나드는 틈으로 죽은 자들이 몸을 바꾸고

잘린 새들의 목이 이마 위로 떨어진다.
신발 속에 들어온 작은 뱀이 몸을 말고 잠든 채
속눈썹의 고요한 밤을 겹겹이 넘기고 있었다.

가위눌림이 계속되고,
방 안에 없는 징 소리가 들리고
검은 피가 붓 끝에 고여 있다.

털실처럼 엉켜 있는 잎,
잎을 다시 펼치기를 기다리는데,
불붙지 않는
언 손가락을 하나씩 부러뜨린다.

거기 내 몸속에 절룩이던 새들의 발을 덮어 주는

노래.

조감도

낡은 나침반을 쥐고 해변을 나섰다.
같은 방향으로,
누나는 조개 껍질을 뒤집어 속이 빈 것들을 골라냈다.

암실에 들어가지 못한 날치 두 마리가
절뚝이는 뱃고동 소리를 따라
제 몸을 넘어갈 먼 곳으로 거친 물살을 갈랐다.

햇빛은 매번 방향을 바꾸었고
우리가 나아가는 쪽엔 지도가 없었다.
남겨진 것은 손에 붙은 따개비들의 감촉,
가시 같지도, 살결 같지도 않은 돌기들
우리는 죽은 이의 이름을 한 글자씩 불러보았다.

아무 것도 보이지 않는 어둠 속에서도
서로를 알아보았다.

루비

 겁을 먹은 별들이 석류 껍질로 벗겨지는 밤이다. 기차가 지나가고 붉은 울음이 울컥, 터진다. 흰 까마귀 떼가 과육 속으로 숨는다.

 신이 인간을 읽어내려가는 방식으로 그림자 위에 사람들을 올려놓는다. 다시는 오지 않을, 어제는 되풀이되지 않는다.

 슬픔이 말을 완전히 배우기 전에 호수 위를 가로질러 햇빛과 눕는다.
 목동이 없는 유월의 양 떼가 운다.
 죽은 어머니가 붉고 투명한 문장으로 가라앉는다.
 소년은 가장 작은 세계의 가장자리에서 산산히 깨진 석류 하나를 들여다본다.

검은 침엽수가 꿈을 뚫고 솟아 있다.
아직 여름의 심장은 뛰고 있는데
끝이 난 검은 꿈이 잉크처럼 번진다.

붉은 숲이 울음을 터트린다.
혀 위에 몇 개 남은 루비알

유리 가재

이름은 꿈속에서 더 자주 불렸다.
흘렀다고 믿어야 했던 날들이 이어졌고 누군가
훔쳐간 손금 위를 지그시 눌러보았다.
영생에 대해서 들어 본 적 있다.
가재는 수없이 갑각을 벗고
동시에 만질 수 없는 빛과 어둠,
부서진 것들만 살아 있었다.

신은
심장에 얇은 유리막을 심어 놓았다.
기억은
그 위로 내려앉은 미세한 선,
선은 빛을 따라 유리벽을 통과하지 못했다.
물 위에서만 일렁였다.

무정란의 알들과
붉은 집게발을 번갈아 보다가
나지막이 갑각을 여는 듯 소리가
들렸다.

호문클루스

조율사는 상자에서 모노클 하나를 꺼냈다. 먼지가 앉은 유리 속에는 그의 정지된 한쪽 눈만 남아있었다. 아직 언어를 배우지 못했으나 작은 입술은 빛을 발음했다.

검은 숲은 빛을 머금은 채 지나간 시간 쪽으로 기울어 소리 없이 무너졌다.

밤새 창문에는 새들이 날개를 접었다.
모노클 너머, 한쪽 눈만 뜬 채 나를 바라보았다.
자신이 만든 세계를 감시하는 신의 눈 너머로 나무의 움직임을 살폈다.

오래된 지도를 펼쳤다. 지도에는 물에 잠긴 흔적들이

표시되어 있었고, 마을을 떠나야겠다고 생각했다. 로즈빌 창가에는 햇빛이 잘 든다. 이해와 용서의 빛이. 밤이 될수록 미완성된 몸의 형태가 온전해지는 것으로 보였다.

돋보기를 통과하는 좁은 빛,
길들여지지 않는 어둠이 인두에 그을렸다.
종이를 접어 비행기를 만들었으나
비행기는 날지 않았다.
이야기의 시작은 오래전 사랑했던 것들에서
비롯된 일일 것이다.

앵두 숲

로즈빌 광장 한가운데 검은 천이 허공에 던져졌다.
죽은 자들의 마을 우물에 담겼다.
앵두 대신 덜 익은 과육들이
굴러다녔지만 아무런 기척도 나지 않았다.
종탑에 들어 있던 작은 새가
깃을 털며 깨어났다.
등 뒤로 붉은 해가 따라오고
불꽃 광장에서 타다 남은 손목들이
더 고요한 형태로 존재했다.

바람이 들지 않는데 자꾸 무언가 지나갔다.
밤은 깊고 자꾸 우물 속을 어지럽히고
신이 버린 자리는 너무 조용했다.
껍질을 벗은 그림자,

사냥꾼도 줍지 않은 떨어진 눈알들,
조율이 실패한 미세한 인간의 숨,
짓이겨진 앵두,
늪지대의 가재들이 내 발목을 덮었다.

연근

 연근조림이 반찬으로 올라올 때면 작아지는 아버지를 보곤 했다. 나는 식탁 앞에서 연근의 구멍을 세었다. 직장암에 걸린 아버지가 눈 덮인 숲을 걸을 때, 죽은 새를 밟고도 멈추지 않던 발자국에서 나는 직장이 몸의 일부라는 것을 처음 알았다. 점액질의 내장들, 닫힌 새의 눈 구멍이 아버지의 지난날 같아서 한참이나 들여다보다가 풀리지 않는 수초들만 물빛으로 잘려 말 대신 눈이 젖은 자리에는 흉이 졌다.

 아버지, 당신을 지켜줄 사람은 이제 어디에도 없어요, 잘라도 잘라내도 구멍뿐이죠. 나는 가끔 생각해요, 기억은 구멍의 모양을 흉내 내 너무 얇아져 만질 수 없는 살결 같다고, 아문 줄 알았지만, 그런 적은 없다고, 나는 그날 연근을 오래도록 씹어보았다. 보드라운 연근의 식감이 퍽이나 슬픈,

포도

 모여 있지만 하나씩 떨어지는 시간들, 손가락 끝에서 알갱이는 가볍게 짓이겨져 기억은 자줏빛으로 이어가지만 멍은 익은 이유와 같지 않지요. 당신은 가끔 창가에 서서, 감은 두 눈에 비를 줍니다. 무언가 오래 응시할수록 나는 그것이 죽은 포도나무의 꽃, 수분도 향기도 없는 영혼의 씨앗이라는 걸 알게 됩니다.

 오른발이 움직였다는 착각, 이곳에서 생명을 지속시키는 건 엽록소가 아니라 망설임입니다. 의료기록에는 남지 않는 것들— 그녀의 눈부신 살결 너머 심정지라는 말 너머로 비 냄새를 들이마셨지요. 그러니까 물끄러미 내려다보면 식물의 언어를 배웠다면 침묵을 말할 필요는 없었을 텐데, 죽음일지 따위는 쓰지 않아도 됐을 텐데, 나는 시간의 알맹이들을 하나씩 떼어 내가 그린 포도 밭 가운데서 으깨어 놓습니다.

 바싹 마른 건포도처럼 물기 없는 살결은 이 세상의 감촉이 아니었어요. 인간이 동물보다 비 냄새를 더 잘 맡는다지요? 완전히 닫힌 눈빛엔 비조차 내리지 않고 나는 조용히 심장 곁에 몸을 눕힙니다. 내 귀를 대면 아직도 무언가 살아 있는 것 같은 착각. 창문을 열면 작은 빗소리에 세상의 틈이 조금 열릴까요.

 사랑한다는 말은, 모든 걸 잔인하게 무화시켜요.
 유리잔을 엎듯 아무것도 남지 않지요.
 일기장엔 기적이 아닌 단어들을,
 작은 연필로 동그라미,
 토독, 토독

빛도, 숨도, 기억도 사라집니다.

예언자

The world
누구냐고 물으신다면, 나는 이름보다 먼저 다가온
스며드는 빛이라고 말 할 수 있을까요.
넝쿨들이 웃자라고 지붕이 무너진 자리
거기서부터 이야기가 시작돼요.
사람들은 무너지고, 다시 태어나고,
새벽은 두 개의 날개를 펴고 시간의 두개골을 만져요.

매달린 사람
하나의 사람이 되는 것은
두 개의 날개로 날아야 하는 새와 같아요.
하나는 태어난 곳을 향하고, 다른 하나는 무너진 신을
향해 펄럭입니다. 영혼에게도 서열이 있다면,
침묵이 가장 깊은 음성이라는 것을.

기도는 견딤에 가까운 것 그러니까 검은 등불 아래 얼굴을 가린 손끝에서 느껴지는 해골들.

연인들
누구도 가질 수 없는 구름을 불러내며,
공중에 멈춰 선 새들을 불러요.
모든 것이 만들어지는 손짓,
그리고 서로의 눈동자에 닿을 수 없는 입맞춤.

Death
거울을 보았을 때 그 안의 얼굴이 나를 모른다면
죽음은 이미 한 번 지나간 것인지도요.
밤이 되면 식물들이 목을 감추고,
죽음은 마지막 장이 아니에요.

다음 페이지가 비어 있다는 사실을 아는 것 뿐,

사막을 걷는 자는 물을 버려두고 나의 눈꺼풀을 태웁니다.

주검은 성대 없는 동굴이며 나는 그 안에 나를 흘려보냅니다.

그러니까 아무것도 아니면서,

모든 것.

내 안의 동굴을 걸어갑니다.

다섯 밤의 애도

 누군가의 손이 빠져나간 자국은
비로소 손보다 더 선명한 손을 남긴다.
손은 장갑 속에서만 자라며
그 누구도 맨손을 본 적이 없다.
마치 그 손이 아직 돌아올 것처럼
돌아오지 않겠다는 걸 이미 알면서도
 마을 사람들의 손가락은 오직 함께 움직이는 사람들처럼 묶여 있다.
 사람들은 잃어버린 물건은 잊었다고 말하지만
그럴수록 물건은 조용히 다른 형체로 변한다.

 재봉사들은 죽은 자의 손을
가짜 손가락을 이어줄 철과 뼛조각을 덧댄다.
죽은 자와 산 자의 경계가 모호해진다.

손가락이 여섯 개인 마을 사람들은
검은 상복을 입고
모두가 기뻐하며 종탑 아래 모인다.
여인들은 작은 등불을 들고,
아이들은 낮게 노래한다.
모든 것을 쥐려다가 흘린 하나의 손가락,

손 없는 손이 빛을 만질 때
검은 행렬이 마을을 돌아 광장으로 사라진다.

미모사

가족,
다시 펴질 줄도 모른 채
같은 계절에 비를 맞는 사람들

누군가 한 명이 무너졌을 때
더 철저하게 무너지고자
슬픔을 찾는 인간처럼
거울 아래 오래전에 시든
미모사를 건드린다.

울음은 조금 늦게 온다.
빛을 막는 암막 커튼처럼 떨린다.

이름 모를 당신의 슬픔은

나의 용서가 되지 못함으로
마음대로 펼쳐지는 손가락,
손을 대지 않아도 움츠리는 것,
가장 무거운 은유.

햇빛이 들면 잎이 펼쳐져야 하는데.
안방에서 엄마가 나와야 하는데,
식탁에 엎드린 채 빛이 흘러가는 자리를 눈으로 따라간다.
세면대에 묻은 비누 거품 속,
얼굴이 허물어진다.

엄마 없이도 가족이 될 수 있구나,
서로 건드리지 않기,

기억을 강요하지 않기,
울음보다 먼저 말하지 않기.

누구도 잘못하지 않았지만
모두 잘 못한 듯 빛을 밀어내는 잎,
그건 슬픔의 유일한 자세,
한 계절을 또 건너간다.

성냥

어젠 잠자리 날개들이 녹색의 불로 하늘을 그었다.

눈을 감았다.
하늘이 금이 간 것인지
눈꺼풀 속에 상처가 남은 것인지

한 사람이 죽었다는 사실이 슬픈 것이 아니라
그녀가 가진 기쁨의 총량을
다 썼을지도 몰라서

그래서 더 슬펐다.

진주

한 번도 같은 얼굴로 있지 않았던 진주
내 무릎에, 묻은 소금 결정들을 털어준다.
아직 이곳은 어둠이 밀려나가는 해변,
태어나지 않은 날들의 끝자락,
진주는 조가비들을 줍는다.
나는 꿈인 걸 알면서 눈을 뜨지 않는다.
그 속에서 진주와 같은 방향으로 걷는다.
새들은 피아노의 건반처럼 물 위를 미끄러지고,
젊은 아버지가 낡은 등대 아래에서
불을 붙이려 성냥을 긋는다.
진주는 내가 한 번도 잠들지 않았단 걸 안다.
부서진 조개껍질 안에는 은비늘 물고기들이 몸을 말고 있다.
진주는 조개껍질을 열어 바다의 피부처럼 벗겨낸다.

소리 없는 속도로,
침묵도 걸러낸 기쁨의 층만 남은 채
나는 그림자와 대화를 나눈다.
말이 아닌 숨으로,
기억의 얇은 막이 흔들릴 때 마다
나는 묻는다.
인간에게 왜 두 눈이 주어졌는지,
대답하지 않는다.
대신 나의 갈비뼈를 열어
울음을 다 쏟을 때 까지 진주알들을 하나씩 꺼낸다.
몸속에 붙어 있는 진주의 알갱이들이
하나씩 물 위로 떠오를 때 까지.
두 눈으로 본 세계는 언제나 흐리고, 맑다.
조금은 찬란하고, 눈이 부셔 진주는 눈을 훔치지만,

내가 돌아올 자리에 조개껍질을 달아둔다.
닫힌 것들 안에만 떨림이 있지만
어둠 깊이 아래 반짝이는 것들을
다 꺼내지 못한다.

5부
손 끝에서 쪼개지는 불과 세계

타로카드와 모든 주사위

1\. 폭염,

해바라기 씨앗들이 목초지에서 하나씩 빠져나간다.

시간은 인간의 문장을 속이려는 필사, 숫자는 더 정직하게 거짓말을 한다. '0' 신은 이미 돌아서 있다. 무엇이 거짓인지 알고 있다는 표정으로.

2\. 신이 인간에게 남긴 숫자들이 예언이라면 그 예언은 이해할 수 없는 비문이다. 묘비들은 한 번에 그려지는 숫자, 사물이 시작되기도 전에 이미 끝나 있는 수. 죽은 자리가 아직 따뜻해서 살아 있다는 사실을 잊는다. 가장 낮은 숫자에도 신이 머문다. 그러나 신은 숫자를 발명하지 않았다.

3\. 행운, 순서 없이 날아오는 돌, 살아 있는 이유에 이

유가 없듯, 매일 밤 꿈이 되묻는 방식으로, 반복은 주사위의 숫자 속에서만 가능할 것. 삼위일체는 신을 설명하기 위한 가장 오래된 오류.

4. 나의 죽은 개 오줌 냄새와 할머니의 오줌 냄새, 외눈을 뜬 물고기와 할머니의 눈빛 중 더 슬픈 것은? 모든 슬픔의 구멍은 반듯이 하나로 연결됨. 눈물을 따라 내려가면 아직 태어나지 않은 과거를 지나간다. 꿈이 바닥에 깔려있다.

5. 새는 왼쪽 눈을 감을 때와 오른쪽 눈을 감을 때, 수평이 맞지 않는다. 다섯 손가락, 그 중 어느 것도 신을 닮지 않았다.

6. 육면체, 의지보다 먼저 쓰러지는 중심, 세계는 두 발로 서 있지 않는다. 균형은 조금 더 기울어 있다. 확률 기억은 실수다.

7. 내가 가지고 싶은 숫자는 이 안에 없다.

오류의 은총

인간은 시간의 부품으로 이루어져 있다지요,
이 꽃의 구조는 마치 시계 부품 같네요,
마음을 갈아 끼우는 줄기는 오로지 식물에게만 있고
그가 나를 느끼지 못하는 사이 나는 그의 미세한 숨을 듣습니다.
눈보라가 나리는 정원,
시간 위로만 떠 있는 꽃잎들은 바라보며 나는 물었습니다.
저, 그림 알아요? 신이 언제 죽었는지,

직역되지 않는 침묵을 노래하며 신이 처음 죽었을 때 사흘이 지나고 그 자리에 수십 개의 덩굴이 자라났어요, 빛을 연구하는 사람들이 있었고, 인간의 광기와 전염병, 피를 흘리는 순록과 부러진 전나무들, 흰 뼈 속에서 솟아오르는 구름의 뒤엉킴, 불한당, 은촛대와 별자리들, 그리하여 인간이 죽은 이후에는 죄가 없을 수 없으니 죽음은 꿈을 꾸는 게 아니지요, 모든 죄와 기도를 동시에 듣고 있는 천사는 사람의 형상이 아니었습니다. 날개를 겹겹이 두른 거대한 불타는 수레바퀴, 관절마다 달려 있는 수천 개의 눈, 빛을 태우는 작은 촛불,

  가려진 것들이 조금씩 보일 듯
  고백의 해골이 휘청거리며 일어서는 밤,

  슬픔은 언어가 되기 전에 이미 사람의 몸을 가졌다지요,

  사라지지 않고 가시지 않는

거룩함 속에서
다른 그림 찾기.

겨울의 기도

어머니가 일주일을 더 못 산다는 말에
나는 빛이 들지 않는 겨울의 한가운데 섰습니다.
한 번도 울어본 적 없는 사람처럼
서 있었습니다.
겨울은 여름의 등을 보며 지나갑니다.
주님, 제게 남겨주신 엄마의 숨이 있다면
오롯이 한 인간의 심장 소리를 듣고 싶어요.
연명치료를 하지 않겠다는 누이의 말을 들으며,
주님의 형상을 보여주지 않는 하나님,
그런 기적은 제게 자격이 없는 것입니까.

아직 숨이 붙은 어머니를 당신의 뜻이라고 하지 마소서.

두 눈을 감으면
겨울 창가는 아래 한번 도 눈 떠보지 못한
인간에게 눈을 그려 두 손을 모읍니다.

밤새 내린 함박눈이 한 인간을 덮을 때
신은 어디에나 있을 수 없었기에 어머니를 만들었다
는 말
그런 기적이 내게 일어난다고 말하지 마세요,

엄마, 당신은 흰 눈으로 오는지
아무도 밟지 않는 눈이 쌓인 거리 위로
혼자 듣는 밤의 캐롤
엄마, 당신은 물끄러미 겨울볕으로 오는지
닫힌 문을 열고 들어오는 빛에

두 눈을 감으면
아, 엄마는 여름에 이미 죽었지
눈 대신 깃털이 끝없이 쏟아지고
유리결을 따라 실금을 긋는
흰 쌀알이 떨어지는 소리들,
나는 혼자 밥을 삼키며
또각, 또각
눈 내리는 창밖을 봐요.

하지

해는 지지 않고 죽은 고양이는 돌아오지 않는다.

흰 커튼처럼 늘어진 해는 그림자를 오래 잡아당기고
나는 하지보다 느리게 걷는다.
유월의 하늘은 네 눈보다 맑은데
 한 아이가 신발을 벗어둔 채 웅덩이에 얼굴을 들이민 채,
 물속에서 무언가를 찾고 있었다.

나의 검은 고양이가 발을 질질 끌며
햇빛의 끝을 찾아 나섰다.
계절은 두 번쯤 돌아야 했고,
나는 여전히 하지보다 느리다.
하지마다 죽은 이를 떠올리지,

수평 아래로 가라앉는 얼굴,
물속의 그림자만 만지고 돌아왔다.

여름이 가장 길어진 날,
가장 멀어진 얼굴을 떠올리면
햇빛은 너무 오래도록 이어지고 있다.

집에 가자, 목줄을 잡아당겨보지만,
집을 나간 고양이는 나를 돌아보지 않는다.

고양이에게 목줄을 해두라고 하지 않았니,
돌아오지 않더라도,
더 빨리 사라지더라도
아니, 언젠가는 돌아올 것 같아서

나보다 나를 사랑하던 그것들은
젖은 눈으로 여름 하늘에 대고
결국 하고 싶지 않았던 말들을 하게
하지,

처음부터 나였는지도 모를 하지가
끌고 가는 것은
내가 끌고 갔던 개의 기억인지
나의 슬픔인지 알 수는 없으나

웅덩이 속에 고장 난 장난감을
건지지 않기로 한다.

수어

손마디,
신이 너를 만들 때 가장 오래 머물렀던 이음새,
로즈빌의 사람들은 모두 수어를 한다.

모든 거울을 뒤집어 둔다.
기적은 통계적으로 일어나지 않으니
무국을 끓이던 오후의 주방,
햇살이 고명처럼 식탁 위에 내려앉고
은빛 냄비 사이로 김이 새어 나올 때,

물컵 속 빛을 핥는 창가의 검은 고양이,
숟가락을 들다 만 그가
가만히, 내 얼굴을 바라보던 순간이 있다.

우리는 살아 있는 몸으로 죽은 이들을 기억합니다.
신은 개의 눈빛만큼 모호하고
눈의 기억은 선연하니,
고요의 저 편에 있고 대상 없는 대화를 나는 흔들리며
말 할 수 있어요.
마치 신을 믿지 않는 사람이 신에게 말을 걸 듯이

기도는 살아 있는 사람에게만 할 수 있는데
당신은 눈을 감은 채,
조용히 내게 손을 내주었습니다.

마을 사람들은
장면을 신에게 들키지 않도록
모든 창문을 닫는다.

품

삼 년 전, 내 개는 죽었다.

지금쯤 엄마의 품에
내 작은 개가 안겨 있을 것이다.

죽음은 품을 닫아두었다.
나는 꿈을 열었다.
엄마의 품에 강아지를 맡기고
다시 돌아왔다.

로즈빌

익사한 그녀를 건져 올렸을 때 물의 가장 옅은 곳에서
이름 모를 여자가 너무나 편안하고 고요한
표정이었다고 했다.

폐가의 안뜰에선 익지 않은 과육 냄새가
올라오고 있었다.
솜털 아래로 살빛이 미세하게 떨렸고
그 속에서
모든 침묵이 숨 쉬는 듯,
은색 퍼즐 조각들이 흩어져 있었다.

죽은 벌레, 아직 닿지 못한 고백이
미끄러져 빛조각들이 서로 부딪힐 때
어둠이 다시 여름이 되는 방식으로

한때 뜨거웠던 살빛으로 번지기 시작했다.

정물 속의 모든 것들은 움직이지 않았지만 하나같이 무언가를 말하고 있다.

로즈빌

한 번도 맡아본 적 없는 목화 냄새가
숲을 감싼다.
이곳은 누군가의 몸 깊은 곳,
내장 같은 것을 닮아 있다.
숨을 쉬지 않고 눈보라를 삼키고 있다.

눈은 아직 내리지 않았지만
이 숲은 이미 잊는 법을 배우고 있다.

잘려나간 귀들이 줄기 위에 돋고
귀는 고막의 상처를 열어
양서류가 틈 사이를 지난다.

유리체를 떨어뜨리는 나무 아래,

전부 묻히지 못한 손을
그 손을 잡고 나는 아무것도 묻지 못한 채
다만,
그 손을 바라보았다.

가느다란 실이 감겨 작은 전구들이 켜질 듯
완전히 삼키지 않은 사람의 체온이 남아 있었다.

이 숲은 절반쯤 죽어 있고
나는 그 사이 어딘가,

깨어질 듯이
깨어날 듯이
혀가 닿지 않는 발음,

시간 속, 목 없는 노래,
누구도 부르지 않는 이름으로 서 있는데,

나는 잠시
이 숲이 누군가의 꿈이 아닐까 의심한다.

육개장

울음이 식탁에 앉아도
숟가락을 놓지 않았다.

붉은 표면에 얼굴이 떴다가
소면처럼 울음이 가늘게 풀어졌다.

나는 여전히 살아있는데,
밥에 국물을 말았다.
나는 그것이 죄인 듯,

엄마의 장례식 다음 날,
비가 내렸다.
웅덩이를 첨벙거리며 달려오는 늙은 개는
왜 집으로 돌아오지 않는 건지,

사람의 눈꺼풀은 왜 감기도록
만들어져 있는 건지,
여전히 나의 눈가는 붉게 젖어 있는데,

신은 내게 허기를 주고,
밤이 오면 나는 다시 배가 고팠다.

조감도

지나가는 구름이 새를 거둔다.
나는 일기장에 낙서하다가
연필의 끝을 부러트린다.
떠오르는 기억들은 늘 한발 늦는다.

바람이 불어 양치식물들이 몸을 웅크리고, 길 없는 지도를 펼치던 누나는 이제 우는 법조차 잊은 것 같았다. 빈집의 문은 죽은 뿌리를 감싸는 푸른 해초처럼 흔들렸다. 누나는 낮은 양철 지붕의 낡고 투박한 소리로 어머니를 부르곤 했다. 희미하고 슬프게 생긴 시간들 속에서, 우리는 모두가 죽어야 끝나는 오래된 동화책 페이지를 넘기고 있었다. 바깥은 새하얀 천으로 덮이고 한 모금 물을 머금은 새는 날아갔다. 누나는 한 손으로 떨어진 머리카락을 모았다.

눈이 계속해서 내렸고 탯줄, 슬픈 아버지, 다리가 없

는 새, 호수, 죽은 사람에게 고백하기, 작은 세계,
 내가 사랑할 수 있는 것들을 적어 불태워버렸다. 지금도 바람에 흔들리며 끝나지 않을 돌림노래들, 말없이 벽지를 뜯던 엄마의 손등에는 푸른 이끼가 자랐다. 그날 이후 나는 자주 벽에 귀를 댔다. 언젠가부터 모든 유리는 불투명해졌다. 햇빛이 들이치면, 누나는 그것부터 닫았다. 나는 반쯤 물이 찬 수조 안에 손을 넣어 죽지않게만 금붕어들을 꽉 쥐었다 폈다.
 나는 찢어진 종이들을 모아 비행기를 접었다.
 우리는 인간이라는 무게를 나눠 들었다.

역방향

은둔자
물을 건너갑니다.
조개 속으로 진주알을 숨기는 작은 게들

컵
막대기, 말을 탄 기사, 얼어있는 늪,
스스로 걷지 못하는 새의 눈가를 지나면
제법 발 디딜 곳이 많아집니다.
출구가 없는 미궁, 물이 만든 파동.

지팡이
나팔은 느리게 다리에 매달린다.
여정은 종료된다.
죽기 직전까지 양초를 켜는,

인간
왼쪽으로만 이미 뒤집힌 카드.
풀려버린 나사,
스스로 해석을 하지 못하는 운명.
어젯밤 보았던 꿈의 조각들이 굴러다니고.

정방향

동전
나를 오로지 직관하는 손
돌아가지 않는 소용돌이 모양의 귀

검
자유를 자르고 도망가는 도마뱀
인간들은 자신의 운명을 숨긴다
금이 간 거울 갈라지는 질문들

퀸
몸을 찢고 나오는 나방
깊은 심연에서 얼어붙은 서리

세계수

그림자를 얽은 줄기
울음과 기도 속에서 더 이상 돌지 않는 언어들,
바람에도 흔들리지 않는 시간이 만든 과일들,

운명의 수레바퀴
나는 물길의 끝을 떠올려요.
인간이 도달하지 못할 가장 깊은 곳으로,
과거를 찢는 독백

고드름

나의 눈을 가린 신은
아직 지켜야 할 것이 있는지 내게 속삭였습니다.
나는 마치 심장이 비워진 사람처럼
하늘을 올려다보았습니다.
한곳을 오래 바라보면
내 눈 안쪽까지 울음이 밀려옵니다.
나의 모든 것을 당신의 품으로 앗아갔으니
보이지 않는 것에 손대는 찰나
형태는 하나씩 허물어집니다.
천장에 목을 매달듯이
당신의 바지가랑이를 붙들어도
얼음으로 만들어진 인간의 아득한 사랑은
끝내 당신에게 돌려주는 방식으로 부서지고
조각들이 떨어져 내린 자리마다

내 발 아래에는
조용히 물웅덩이가 생겨납니다.

첫 문장

           h에게

거기 당신,
이 편지를 다 쓰고 나면
비가 잠시 멎을까요,

말 한 마디 없이 쌓인 마음이 무너지는 오후에요.
빗줄기가 제 몸을 길게 찢어
지붕에 걸어둡니다.

낮은 목소리로 떨어지는 것들의 이름을 세고
불에 젖은 당신의 이름을
나는 빗속에서 다시 불러보았어요.

파란 대문엔 이끼가 자랐고
불 꺼진 마을의 창마다
누군가 한 번쯤 울고 간 흔적들이 남아 있고요.
물은 천천히 마을을 덮기 시작했고,
한 소년이 묻어둔 유리구슬은
깨지지 않은 채 어둠을 흘려보내요.

빗소리가 사람들의 눈꺼풀 속으로 들어가
기억보다 더 깊은 웅덩이를 만들고,
당신이 없는 세계는
이미 내 안에서 당신이 죽은 것과 같은 것이에요.

거꾸로 발음되거나 마구 쏟아지는
통보되는 소식과 울음에 젖은 사랑과 기대어 있는 슬

품이
　한쪽으로만 열리는 창이라는 걸
　나는 이제야 알아요.

　물보다 빠르게 잠겨
　마음의 이름이 지워질 준비를 하고,
　소년은 구슬을 꺼내
　햇살 아래 들어 올려요.

　유리 안쪽에도 비가 내리고 있는데요.
　표면을 감싸는 이 빛들은
　누구의 것도 아닌데요.

　비가 그칠 수 없는 마음의 구조로부터

잎맥이 얽힌 길들이
유리 안쪽으로 뻗어 있는 영혼을 바라보는 동안
소년은 자신이 존재한다고 믿을 수 있어요.

무언가 부서지지 않은 채 남아 있는
나의 그림자가 나를 잊고,

거기 당신,
당신의 세계로 내가 비를 맞으러 갈 때까지
손끝을 놓지 못한 기적을 이렇게 옮겨 적어요.

너라는 사실이
지워지지 않을 이야기의 첫 문장이 되고 있었다.

시인 노트

달리기

나는 그녀가 숨이 꺼지기 전까지 달렸다.
병원으로 가는 길은 끝이 없는 새벽 같아서 도착하면
정말 그녀의 숨이 멎을 것 같아서 도착하지 않기를 바라며 달렸다.
세상의 모든 빛이 꺼지는 것처럼, 나는 그녀의 심장에 귀를 대고
마지막 박동을 느꼈다. 그 떨림을 들으며 나는 처음 알았다.
사랑이 죽음보다 강하다는
거짓말을,
뒤늦게 도착했을 때,
그녀의 숨이 정확하게 멎는 것을 보았다.
그녀의 눈동자에는 머뭇거리며 서 있는 내가 보일 때
이미 되돌릴 수 없는 죽음을 알았다는 듯이
마지막까지 내 눈빛을 기다렸다는 듯이

이제는 가야 한단다,

돌아올 수 없는 길을 돌아서

네 눈빛 속에서 다시 살아날 것이다.

분명히 시간이 깊은 곳에서 다시 만날 날이 있을 거야.

나는 눈을 감고 달릴 때마다

다시 태어나는 그녀를 본다.

시인 에세이

검은 기적의 기록들

2024년 5월 28일
그녀가 죽을 거라 했다.
말은 너무 간단했다.
내가 감당할 수 없는 어둠이 시작되고 있다.

2024년 5월 29일
그녀가 죽음과 싸우는 것을 지켜봐야 했다.
오롯이 내가 할 수 있는 일은, 믿지도 않는 신에게 기도하는 것뿐.

2024년 5월 30일
"머리가 망가졌다."
돌아온 말은 단 1퍼센트의 가망조차 없다는 것.
기억이라는 것은 필요 없는 빈집처럼 보였다.
이해할 수도, 붙잡을 수도 없는.

2024년 5월 31일

사흘을 넘기지 못할 거라 했는데, 오늘은 넷째 날이다.
그녀는 어린아이처럼 고요히 잠들어 있다.
깨어나지 않는 그녀 옆에서 내가 잠든 사이,
뒤에서 사람들이 웅성거리는 듯했다.
모든 것이 다시 쓰이고, 재구성되고 있었다.

2024년 6월 1일
나는 양가감정과 멜랑콜리 속에서 흔들리는 문장을 떠올린다.
그것은 신경질적인 떨림 같은 언어,
병적 애도의 벼랑 끝에서 흘러나오는 몸부림의 문장이다.
하지만 내가 찾고 싶은 길은 그곳이 아니다.
나는 애도를 완결로 이끄는 다른 문장을 원한다.
슬픔을 붙잡으면서도 슬픔을 넘어가는,
소멸이 아니라 승화로 가닿는 언어를.

2024년 6월 2일
그녀는 식물이 되었다.

흔들어 깨워도 일어나지 않는다.
내 심장이 없어진 것 같은데, 숨은 여전히 이어진다.

2024년 6월 3일
나는 그녀에게 얼마나 많은 것을 기대고 있었을까.
그녀 없이도 내가 나로 존재할 수 있을까.
1퍼센트의 기적은 없다는 말,
그녀는 내게 기쁨을 가르쳐주었다.
그리고 마지막으로, 다시 슬픔을 가르쳐주신다.

2024년 6월 4일
애도의 '슬플 애(哀)'보다 사랑의 '사랑 애(愛)'가
더 어울린다.
그녀가 내게 준 사랑이 너무 컸기에, 내가 줄 수 있는
마음은 너무나 작다.

2024년 6월 6일 (새벽)
많은 사람들이 병문안을 다녀갔다.
일어나지 않을 걸 알면서도, 나는 심폐소생술에 동의하는 서류에 사인을 했다.

살려낼 수 없다는 것을 알면서도, 손끝 하나에 모든 것을 걸고 싶은 희망.

2024년 6월 9일 (아침)
기쁨과 재앙에 대해 생각했다.
그녀의 죽음은 내게 재앙 같았고 모든 시간을 바꾸어 놓았다.
살아있다는 것 자체만으로도 기쁨이 될 수 있다. 그럴 수 있다.

2024년 6월 9일 (낮)
오늘 나는 애도의 방법론을 정리하다가,
그것이 이론서의 차가운 문장만은 아니라는 걸 깨달았다.
애도와 멜랑콜리를 구분했던 프로이트의 목소리는 여전히 귓가에서 울린다.
그에게서 나는 상실을 단순히 "대상의 부재"가 아니라
마음속 깊이 새겨진 흔적의 문제로 배운다.
라캉은 그것을 리비도의 상실이라 했고,

나는 그 말이 마치 꺼지지 않는 불씨 같다고 느꼈다.
사랑의 불이 꺼지지 않고 어딘가에서 타오르는 것처럼.

2024년 6월 9일 (밤)
그녀 옆에서 잠이 들었다.
손을 잡고 눈 내린 숲으로 들어갔다.
걸음이 빨라진 그녀가 나를 앞질러갔다.
나는 뒤에서 크게 불렀지만, 끝내 돌아보지 않았다.

2024년 6월 10일
그녀가 가장 좋아하던 음악을 들려주었다.
All I Want for Christmas Is You
"내가 크리스마스에 원하는 건 당신뿐,
내 소원을 이루어주세요."
나와 같은 기도.

2024년 6월 11일
그녀가 숨을 거두는 순간을 보았다.
신을 사랑했다가 원망했다.

거대한 슬픔 앞에서 나는 비참해졌다.

2024년 6월 12일 (새벽)
그녀와 살던 집으로 돌아왔다.
현관 비밀번호를 바꿨다.
그날 꿈에서, 나는 그녀에게 바꾼 비밀번호를 가르쳐 주었다.
그녀는 아무 말도 하지 않고 웃었다.

2024년 6월 12일 (낮)
유품을 정리하다가 그녀가 쓴 정갈한 필체를 들여다보았다.
노트에는 가끔 적힌 내 이름들이 있었다.
그리고 백지들, 앞으로 넘어가지 않을 페이지들.

2024년 6월 13일
문득 생각했다. 인간의 마음은 가슴에 있는가, 뇌에 있는가.
더는 죽음이 두렵지 않다.
인간이란 무엇인가, 그 질문만이 내게 남았다.

2024년 6월 14일
집 안이 너무 조용하다. 나는 가만히 귀를 막는다.
이런 불안이 계속될 것이라는 슬픔과 사실.

2024년 6월 14일
애도란 급작스럽게 맞닥뜨린 이별이어서 감정적인 재난으로 다가온다.
  소설이 공적 애도가 어떻게 소비되고, 기억에서 지워지는가를 본다면
  시에서는 사적으로 체험된 상실에 대한 감정 소비 문제와 맞닥뜨린다.
  따라서 소설이 사회적 정치적이라면 시는 너무나 사적이다.

2024년 6월 15일
  밥을 지었다. 습관처럼 식탁 위에 그녀의 숟가락을 올려놓았다.
  냉장고에서 엄마가 해둔 반찬들을 꺼냈다가 다시 집어넣었다.

2024년 6월 17일

거울 속에 내 얼굴, 그녀의 얼굴이 겹쳐보인다.

문득, 엄마가 죽기 전에 의사가 장기를 이식하겠냐는 말이 떠올랐다.

내 몸 어딘가에 그녀의 일부를 심어놓았으면 좋았을 텐데.

그녀의 모든 존재가 사라진다고 생각하니 이상하다.

2024년 6월 18일

동네 꽃집 앞을 지나쳤다. 하얀 국화가 줄지어 서 있었다.

세상은 여전히 흘러가고 있다. 영원히 존재할 것처럼.

2024년 6월 19일

꿈에서 그녀가 나를 안아주었다.

품은 너무 차가워서 깨어나 울었다.

2024년 6월 20일

이모가 전화를 걸어왔다.

"괜찮니?"라는 말.

괜찮을 리 없는데,
대답은 "네"였다.

2024년 6월 22일
그녀의 방에서 자주 쓰던 모자가 눈에 보였다.
머릿결 냄새, 여름,

2024년 6월 24일
길을 걷다가 노모와 손 잡고 가는 중년의 남자를 보았다.
앞으로 내게 없을 모습.

2024년 6월 25일
시는, 감정을 쏟아내는 게 아니라 쏟아진 감정을 정리하는 일 같다.
흩어진 마음일수록, 언어는 오히려 더 차분해진다.
그녀가 떠난 뒤로 말을 다시 배우는 기분이다.

2024년 6월 26일
죽음을 또 하나의 정서로 받아들인다는 건

그 감정 속에서도 '살아 있는 마음'을 발견한다는 뜻일지도.

그녀가 사라진 자리에 내 안의 언어가 멈춘다.

아무 말도 할 수 없지만, 이상하게 그 침묵이 나를 채운다.

2024년6월 27일
세상은 나의 슬픔을 더 가라앉힌다.
그런 슬픔을 더듬다보면 무너진 어둠들이 보인다.
그 조각을 쥐려다가 손을 베이고 만다.

2024년6월 28일
밤새 비가 내렸다. 창밖 빗줄기를 따라 손을 그어보지만 금세 지워진다.

내 얼굴이 비췄다가 사라졌다. 사라지는 것이 유리 밖의 세계라면,

남은 것은 질문과 공허함.

2024년6월 30일
냉장고 속 엄마가 만든 반찬을 냉동고로 옮겼다.

뚜껑마다 적힌 날짜들을 읽었다.
유통기한이 언제까지지.
이로서 그녀와 나의 유통기한은 끝이 난 셈이다.

2024년 7월 2일
시집을 읽었다. 시를 읽고 쓰는 것이 내게 사치라고 느껴졌다.

2024년 7월 3일
옷장에서 그녀의 목도리를 꺼내 둘러보았다.
아직 남아있는 엄마의 겨울 냄새.
그녀의 손이 유독 차가웠던 것이 생각났다.
그녀에게 사랑한다는 말을 한 적이 없던 것 같은데,
대신에 손만 잡았던 기억.

2024년 7월 5일
병원 근처를 지나쳤다.
구급차의 사이렌 소리에 온몸이 떨렸다.
나는 여전히 그날에 갇혀 있다.

2024년 7월 6일
그녀의 사진을 똑바로 볼 수가 없다.
그녀가 없는 시간, 슬픔과 기쁨이 모두 사라진 시간,
오롯이 내가 나일 수 있는 시간.

2024년 7월 7일
오늘 데리다의 글을 읽었다. 그는 말한다. 애도에는 성공도, 실패도 없다고.
결국 남는 건 멜랑콜리, 즉 마음속에 계속 남아 있는 그리움뿐이라고.
나는 그 말을 오래 붙잡고 있었다.
죽은 사람들은 완전히 떠나지 않는다.
그들은 가끔은 꿈속에서, 가끔은 문장 속에서 말을 걸어온다.

2024년 7월 8일
오늘은 그런 생각을 했다.
죽은 이들은 멀리 가지 않는다.
그들은 문장 사이에 남아
우리의 숨과 함께, 아주 조용히 살아 있다.

2024년 7월 9일
마을의 개가 짖었다. 나도 운 것 같은데, 내 울음소리가 하나도 들리지 않았다.

2024년 7월 10일
시를 쓰려 해도 문장이 잘 나오지 않는다.
그 멈춤 자체가 시의 한 부분처럼 느껴진다.
말하지 못하는 순간, 언어는 사라지지만
그 자리에 깊은 숨 같은 것이 남는다.
아마 시는 그 숨을 기록하는 일인지도.

2024년 7월 12일
책상 위에 노트를 펼쳤다. 엄마가 적어둔 내 이름은 여전히 어린아이의 이름처럼 불렸다.

2024년 7월 15일
엄마가 마지막으로 삶은 계란 세알.
숫자 세 개, 삼신, 엄마 이름은 삼선.

2024년 7월 17일
엄마의 핸드폰 번호를 없애기 전에,
엄마에게 음성 메시지를 남겼다.
'미안, 살아있는 동안에 일 너무 많이 했지? 잘 자.'

2024년 7월 3일
엄마가 쓰던 핸드폰을 열어 보았다. 나에게 보낸 오래된 문자들.

2024년 7월 5일
집 앞 나무에 매미가 울었다.
그 울음은 유년 시절의 여름을 데려왔다.

7월 7일
밤하늘에 별이 유난히 많았다.
별들이 엄마의 눈빛 같아서,
한참을 별을 세다 잠들었다.

2024년 7월 9일
거실 불을 *끄*고 앉아 있었다.

안 방에서 엄마가 자고 있는 것 같은데, 숨을 죽였다.

2024년 7월 10일
꿈속에서 엄마가 웃었다.
나는 엄마의 얼굴이 보이면
꿈인 것을 알고 있어서 슬펐다.

2024년 7월 12일
오늘 나는 다시 애도에 대해 생각했다.
상실의 충격이란, 몸속 어딘가 설명할 수 없는 슬픔들이
여기저기 물 먹은 솜처럼 스미는 것.
몸과 마음이 계속 무겁다.

2024년 7월 14일
결국 애도의 시를 쓴다는 건
"어떻게 치유할 것인가"라는 물음에 시적인 방식으로 대답하는 일이다.
그 대답은 이성의 생각이 아니라,
일기 같은 기록, 고백 따위 같은 것...

2024년 7월 18일

잊혀지는 것들에 기대어 산다.
그러나 그녀가 없는 슬픔은 어떤 시간에도 지워지지 않는다.

2024년 7월 20일
멜라니 클라인은 애도의 시작을 아이의 울음에서 찾았다.
어머니 품을 잃은 아기의 눈물,
그 원초적인 슬픔 속에 이미 애도의 기원이 깃들어 있다는 것.
레비나스는 타인의 죽음을 응시하는 시선.
나를 산산히 부수어볼 수 있다면,
자기 자신이 찢겨진 파편을 모아 하나의 전일성을 향해 가는 길.

2024년 7월 24일
애도는 슬퍼하는 것이 아니라

또 숨으로 이어지는 다른 심장을 가지는 것.

하나의 상실이 끝내 다른 이름의 탄생으로 이어질 수 있다는 희망.

2024년 7월 30일

그녀를 생각할 때 마다 그리움과 원망, 사랑과 분노가 한꺼번에 온다.

하나의 신경으로 이어진 것처럼 나를 흔든다. 흔들림이 병처럼 느껴지기도 한다.

슬픔을 붙잡으면서도 슬픔을 넘어가는 것은 내가 살아있다는 증거일지도.

2025년 9월 20일.

이상하게도, 그녀가 죽었는데도 나는 잠이 잘 왔다.

그날 밤, 모든 게 무너졌다는 걸 알고도

나는 베개에 머리를 기대고 잠들었다.

따뜻했다. 내 몸이, 이불이, 공기가.

그 따뜻함이 나를 더 깊이 밀어 넣었다.

눈을 감는 순간, 그 온기가 엄마의 체온 같아서

더 미안했다. 나는 아직도 살아 있다는 사실이,

이렇게 쉽게 잠들 수 있다는 사실이
도무지 용서되지 않는다.

2025년 10월10일
울다가 눈을 감으면, 내가 살아 있다는 사실만이 남는다.
내가 숨 쉬는 동안, 그녀는 죽고, 또 다시 태어난다.
그녀를 기억하고 기록하는 일을 멈출 것이다.
그러나, 나는 언제이고 다시 쓰고야 말겠지.
그녀를 애도하고 지속하는 일은 나만이 할 수 있는 일이니까.

발문

가장 낮은 데서 가장 오래 기억하는

김연덕(시인)

 현우 선배. 선배는 저를 '후배'라고 불러주는 유일한 사람이죠. 저 역시 손윗 사람 중 '선배'라고 부르는 사람은 선배가 유일하고요. 선배라는 단어가 주는 부드러운 천 같고 꼿꼿한 그림자 같은 느낌 때문인지는 몰라도, 모두에게 다정한 눈빛과 소리로 웃어주는 선배를 볼 때에도, 저는 왠지 선배를 관통하며 지나가고 있을 여러 가지 일들에 대해 가늠해보게 되곤 했어요. 천 뒤편에서 조용히 불타며 투명해지고 있는, "움직이지 않았지만/ 하나같이 무언가를 말하고 있*"는 선배의 슬픔을요. 그리고 선배의 슬픔을 닮은 그런 정물들에 대해, 과일과 색과 사람과 몸집이 작은 꿈에 대해 선배는 이번 시집에서 담담히 이야기해주었고요. 그 이야기들은 여

---

* 「로즈빌」

러 조도 속에서 때때로 흩어지고 때때로 모이며, 한 사람을 가리키고 있었어요. 네, 이 시집은 선배가 사랑하는 한 사람, 어머니에 대한 책이죠.

세계는 참으로 잔인하고 이상해요. "거품 속에서 부드럽게 터지는 보드랍지 못한 세계"*에서 우리는 살고 있어요. 보드랍지 못한 세계에서 사람은 누구도 이해할 수 없는 치명적인 이별을 경험하게 되고요. 어머니와 긴 인사를 하게 된 선배는 "이상하게도 엄마가 죽었는데도/나는 잠이 잘 왔다."**고, "나는 여전히 살아있는데/ 밥에 국물을 말았다"***고 말하며 "그게 죄인 것"**** 같다고 말해요. "용서를 구하러 계속 이어나가는 사람처럼"***** 어머니가 "끌고 간 손끝에서 쪼개진 세계를 향해/ 무릎을 꿇"******고요. 그렇게 "긴 죄의 목록들이 자꾸 내게 구멍을 내"*******는 죄책감 속에서 이 시집은 천천히 시작되어요. 사랑하는 사람을 잃

* 「오이 비누」
** 「베개」
*** 「죽음 이후에도 변하지 않는 것들」
**** 같은 시.
***** 「상속」
****** 「석류」
******* 같은 시.

었음에도 내가 생물로서 삶을 영위하고 있다는 부채감, 슬픔과 전혀 상관 없는 감각들이 슬픔 속을 치고 들어와 머무는, 세계와 고통스레 어긋나는 기분 속에서 선배는 오래 앉아 있었겠죠.

 시간들을 견뎌냈고, 견뎌내고 있을 선배가 시집에 「오이 비누」를 두신 마음이 어떤 것이었을까요. "오이 비누"는 선배의 어머니가 쓰던 비누이자, "오이지를 담그거나 오이를 깎"*던 어머니에 대한 기억을 특유의 향으로 불러내는 사물, "푸른 속살이 짓무른 빛으로 가득 차 있던" ** 어머니와의 마지막을 감각하게 해주는 존재예요. 현재의 나와 과거의 어머니를 연결시켜주는, 시간대를 넘어 이 이상한 연결을 가능하게 해주는, 상처이면서 회복인 이름이고요. 이 시를 읽으면 "아름다운 건 아무런 힘이 없"***음에도, 사랑하는 사람을 불러내고 만질 수 없을지라도, 눈 감은 채 서서 계속해 아름다운 과거의 빛을 받고 있는 선배의 모습을 상상하게 되어요. 그 빛은 오이나 석류, 가지와 감 같은 구체적인 기

---

* 「오이 비누」
** 같은 시.
*** 같은 시.

억으로부터 맺힌 과일의 색이 되기도 하고, "어머니가 짓던 십자수 무늬"*가 되기도 하고, "한때 문이었던 것들의 그림자와 종소리"**, 즉 특정한 형상이나 소리가 되기도 해요. "희고 말캉한 형상이 닳으며 남기는 성실한 슬픔"***이 그것들로부터 전해졌고요.

  빛과 형상이란 선배에게 무엇일까요. 아마 소중한 이로 인해 가능해졌던 현실의 생생한 부피감, 관념 속에서만 존재하는 것이 아닌 순간순간 살아 움직이는 장면들이었을 거예요. 때문에 어머니와의 인사 후, 더 이상 그전과는 같지 않고 같을 수도 없는 그 무엇이겠죠. 연작으로 등장하는 「로즈빌」은 아마 어머니가 거주하셨던 곳, 혹은 선배와 어머니가 함께 지냈던 곳으로 추정되는 공간인데, "로즈빌의 일층은 햇빛이 가장 먼저 닿는 곳이었고 가장 오랫동안 어두운 곳이기도 했다"****고 선배는 말해요. 함께 했던 공간이었던 만큼 첫 햇빛이 닿았던 공간이지만, 이제 "빛이 지나간 자리"*****이

---

* 「로즈빌」
** 「겨울의 기도」
*** 「오이 비누」
**** 「로즈빌」
***** 「플라나리아」

기에 더 이상 "빛이 들지 않는 겨울의 한가운데"*인 곳이겠죠.

빛이 지나가버린 자리에 남은 무력한 정신과 마음은, 그저 그 자리에서 그대로 기다리는 수밖에 없어요. 하루가 어떻게 지나가버리는지도 모르게, 계절과 몸이 어떻게 바뀌는지도 모르게요. 선배는 그 사이 어쩌지 못하는 마음을 유리 상자에 넣어 관찰하기도 하고, 따뜻했던 빛을 말 없이 떠올려보기도 하지요. 그런데 한 자리에 가만히 멈춰 있던 깨끗하고 어두운 그 상자에서, 선배의 시 속에서, 설명할 수 없는 일이 일어나기 시작해요. 분명 빛과 형상을 잃어버린 곳이었는데, "그 안에서 무언가 다른 방식으로 살아"**낸 존재들이 "빛이 아닌 방식으로"*** 태어나기 시작하거든요. 이처럼 질기고 독특한 회복은 "둘 사이 투명한 실밥"****으로 돋기도 하는데, 이 "풀리지도 않"*****고 "끝나지도 않******"는 이 실은 "언제든 이어질 수 있는 슬픔 같아

* 「겨울의 기도」
** 「로즈빌」
*** 「나비목의 커튼-로즈빌」
**** 「플라나리아」
***** 「로즈빌」
****** 같은 시.

서"*, "내 맥박을 따라 움직"**이다가, "잃어버린 얼굴들"***을 엮어주기도 해요. 이는 "가지"로 변주되기도 하는데, "하늘로 뻗"****은 가지는 "가지로 연결된 세계의 균형"*****을 살피며 "안쪽에서 형체를 얻"******게 됩니다.

"한 가닥 실 같은 빛들이 침묵을 따라 풀려나"*******가는 순간, "누구의 것도 아닌 빛"********은 "끝내 지워지지 않을 이야기의 첫 문장"*********이 되어요. 그러니까, 선배의 시가, 선배의 시집이 되어요. "형체를 얻"**********은 환하고 깊숙한 슬픔의 시집이 저에게, 독자들에게 가닿는 자리는 아마 "색이 말을 멈추고 빛이 돌아가는 자리"***********일 거고요. "무언가 부서

---

* 「애도」
** 같은 시.
*** 「로즈빌」
**** 「가지」
***** 같은 시.
****** 「장미 숲」
******* 「나비목의 커튼-로즈빌」
******** 「로즈빌-h에게」
********* 같은 시.
********** 「장미 숲」
*********** 「리트머스」

지지 않은 채로 남아있다는 사실"*에서 저는 "증류되는 빛과 구원"**을 느껴요. 아마 선배의 이번 시집은 증류되었던 모든 장면들에 대한 기록일 거예요. 증류된 빛은 이전의 빛과는 다르죠. 증류된 빛은 무언가 잃었던 존재에게 무언가를 다시 안겨주는, 넘치도록 자유롭고 따뜻한 가능성을 보여주어요. "주검은 품을 닫아주지만,/ 나는 꿈을 열어/ 엄마의 품에 강아지를 맡기고/ 다시 돌아오는"***, 사랑했던 것들끼리 영원히 사랑하게 하는 가능성요.

긴 긴 여름을 보냈을 현우 선배. 다시 겨울이에요. 이번 겨울에는 "심장보다 더 조용"****하게 펼쳐지는 거리를 함께 걸어요. 다시 얼어붙고 다시 녹아버리길 반복, 여름보다 어둡지만 여름보다 많은 것들이 보이는 거리를요. "가장 낮은 데서 가장 오래 기억하는"***** 모든 것들에 대한 이야기를 왠지 선배와는 나눌 수 있

* 「로즈빌-h에게」
** 「리트머스」
*** 「품」
**** 「장미 숲」
***** 「리트머스」

을 것 같아요. 오래 기억하는 사람만의 슬픔과 웃음과 걸음을 지닌 선배, 어떤 동네를 좋아하는지 천천히 말해주세요.

K-포엣
검은 기적

2025년 12월 25일 초판 1쇄 발행
2026년 1월 1일 초판 **3쇄** 발행

지은이 정현우
펴낸이 김재범
펴낸곳 (주)아시아
출판등록 2006년 1월 27일 제406-2006-000004호
전자우편 bookasia@hanmail.net

ISBN 979-11-5662-317-5 (set) | 979-11-5662-808-8 (04810)

*이 책 내용의 전부 또는 일부를 재사용하려면 반드시 저작권자와 아시아 양측의 동의를 받아야 합니다.
*제작·인쇄 및 유통상의 파본 도서는 구입하신 서점에서 바꿔드립니다.
*값은 뒤표지에 있습니다.
*이 책은 경기도, 경기문화재단의 지원을 받아 발간되었습니다.